Sempé

Quelques
artistes et gens de lettres

ISBN : 2.207.23083.X

– J'aimerais pousser une longue plainte, jusqu'à 100, 150 000 exemplaires...

— *Et quelques-uns, il les a réalisés sous l'emprise de la drogue !...*

– C'est vraiment très gentil à vous d'être venus.

— Oh, la, la ! Que c'est joli ce que je viens de faire !...

– Ce qui me fait plaisir surtout, c'est de voir que ma sincérité est devenue vraiment opérationnelle.

— « Je vous envie beaucoup. J'aurais tellement voulu faire comme vous, un livre. Avoir l'impression de
sortir de la masse ».

— *La culture... La culture... A un moment donné, je me suis dit : «Mais, vivons, que diable !» Alors, j'ai fait un livre.*

Il neigeait. L'homme frissonnait de froid et de faim dans cette rue grise et hostile dont les maisons cossues abritaient d'ignobles bourgeois repus, bien au chaud. Le vent

1

2

3

4

5

" Il neigeait. L'homme frissonnait de froid et de faim
dans cette rue grise et hostile dont les maisons cossues
abritaient ~~d'ignobles~~ ^des^ bourgeois ~~repus~~ , ~~bien au
chaud~~ . Le vent sifflait et...

— *C'est une longue méditation sur la vie, la mort, la vanité de toutes choses ici-bas,
qu'il faudrait publier à la rentrée. Pour les Prix.*

– *Au premier tour et à l'unanimité, le jury du prix Élévation, devant le peu de qualité des œuvres examinées a décidé, comme les années précédentes, de ne pas attribuer son prix.*

– *Ce qu'il faut empêcher, c'est qu'ils nationalisent le Nouveau Roman.*

— *Pour sa fondation, le Jury du Prix pour l'Expansion de la Lecture dans toutes les Classes Sociales accorde le grand prix à M. Gauthier d'Anguepierre pour son livre " Monographie sur les consolettes Louis XV existant encore ".*

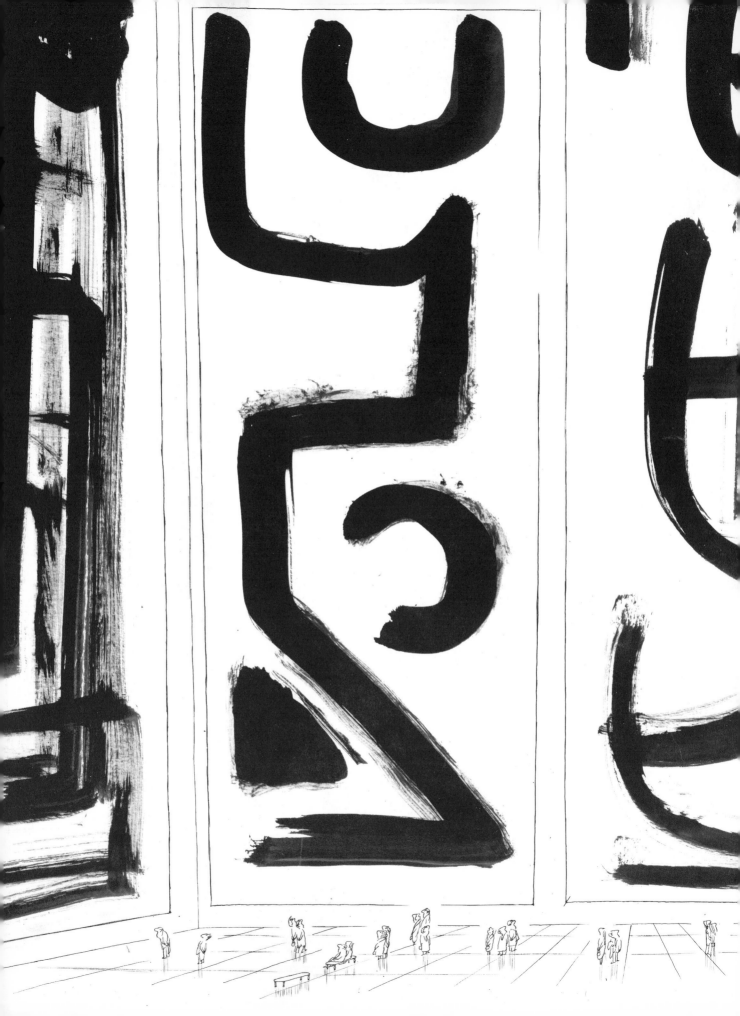

— « *Il ne laissera pas grand'chose...* »

1

2

3

Sempé.

— *Tu saurais de qui on parle en ce moment pour le Goncourt, tu rigolerais !...*

– Comprenez bien une chose. L'apparition de la photo nous a plongés,
nous autres peintres, dans une confusion extrême.

... « *Tu as mis du gingembre. La cannelle eût été préférable, avec beaucoup de citron, bien sûr* », a-t-elle déclaré avec son sourire mielleux, alors que tout le monde se régalait !

J'avais appliqué rigoureusement la recette que tu connais bien, cher Journal, puisque je l'ai copiée dans tes pages sous sa dictée !

La méchanceté des gens, leur injustice, sont incommensurables.

Je te quitte un peu mélancolique ce soir, cher Journal, mais, rassure-toi, nous parviendrons, je te le promets, à trouver le Beau, le Bien et la Joie.

– *Et puis s'est produit ce phénomène bien connu en littérature : à mesure que j'avançais dans la rédaction de mon livre, mes personnages ont commencé à avoir, petit à petit, leur propre existence. C'est-à-dire qu'ils ont eu, pour ainsi dire, une vie, qui, en quelque sorte, échappait à leur créateur, une vie bien à eux. Résultat : 127 exemplaires vendus en 6 mois. Le bide.*

1

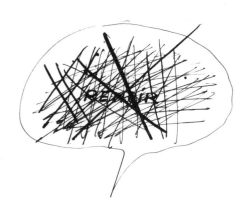

2

3

4

5

6

7

8

– J'ai envie d'écrire une symphonie inspirée d'un tableau que j'ai fait d'après le livre que j'ai commencé, qui pourrait être adaptée pour un ballet dont l'argument est un excellent point de départ d'un film qui pourrait être coproduit par la télévision et programmé en feuilleton, puis distribué en adaptation théâtrale, dans le circuit des maisons de la culture.

- *Et c'est avec une grande fierté que nous vous remettons cette récompense pour l'ensemble de votre œuvre qui comporte de grands beaux livres désespérés et désespérants...*

– Eh bien, voyez-vous, quand je regarde cette photo de ce cher vieux lycée Carnot, photo qui date de 1980 ou 81 plutôt, je suis ému. Emu et étonné. Etonné de voir que rien ne laissait indiquer que je deviendrais l'écrivain que je suis devenu, et ému de reconnaître certains de mes camarades qui avaient – je me le rappelle bien, je vous assure – autant, sinon plus, de possibilités que moi et qui ont, on se demande pourquoi, complètement sombré dans l'anonymat...

– *Quand je pense à l'incompréhension et à l'hostilité qui avaient accueilli cette toile à notre second salon en 67 et que maintenant les "Néo-Indépendants", la "Palette Riveraine", sans parler de "Cimaise et Contact" magouillent comme des fous pour en faire le clou de leurs salons !...*

– *Vous avez trouvé une place pour vous garer ?*

— *C'est très bon ce que vous faites,
mais elle est très mal placée votre galerie.*

– Il n'y a plus de Grands Créateurs, parce qu'il n'y a plus de Grandes Inspiratrices !

Maquette et mise en pages de
Martine Gossieaux.

Ce volume
a été achevé d'imprimer
le 15 septembre 1984
sur les presses de l'Imprimerie du Marval
à Vitry-sur-Seine.

Numéro d'édition : 1901
Dépôt légal : octobre 1984